TEORIA COZII LUNGI PENTRU AFACERI

Găsirea nișei tale și protejarea afacerii tale de viitor

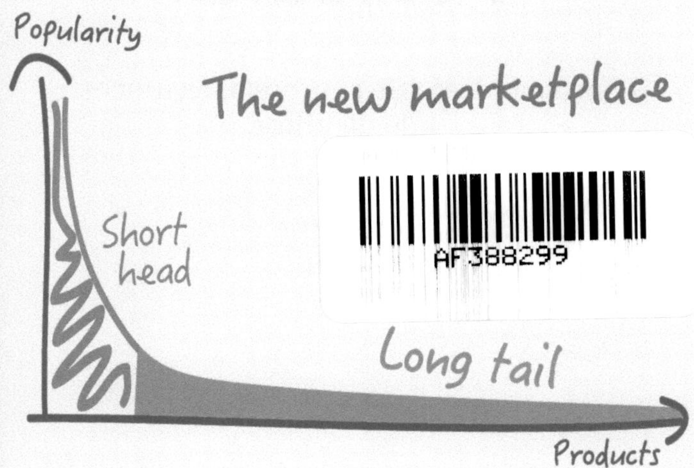

50MINUTES.com

TEORIA COZII LUNGI PENTRU AFACERI

Găsirea nișei tale și protejarea afacerii tale de viitor

scris de Ariane de Saeger
tradus de Alina Dobre

50MINUTES.com

TEORIA COZII LUNGI PENTRU AFACERI

INFORMAȚII CHEIE

- **Denumire:** teoria cozii lungi.

- **Utilizări:** acest concept se referă la toate produsele oferite de o companie care se vând doar în câteva unități, dar în cazul cărora suma vânzărilor poate depăși veniturile realizate de produsele cele mai bine vândute. Acest lucru echivalează cu a spune că articolele cele mai populare și cele mai bine vândute contribuie doar la o minoritate din cifra de afaceri, efectul de masă jucând puternic în favoarea produselor mai marginalizate.

- **De ce este eficient?** Includerea unei astfel de strategii permite unei companii să beneficieze de vânzări constante din întregul său portofoliu de produse.

- **Cuvinte cheie:**

  - <u>Bestseller</u>: un produs emblematic, căruia i se alocă adesea un buget publicitar ridicat și care obține venituri record.

  - <u>Comerț electronic</u>: comerț online (prin intermediul internetului).

- Costul de oportunitate: indicarea pierderii cauzate de investirea resurselor într-o funcţie mai mult decât în alta.

- Profit: câştig financiar obţinut în urma unei acţiuni. De exemplu, o vânzare este o acţiune care poate genera profit sau pierdere.

- Profitabil: ceva care generează o recompensă sau un anumit profit.

- Statistică: un set de date referitoare la un grup de indivizi sau unităţi care permite observarea tendinţelor.

- Cifra de afaceri: valoarea cumulată şi înregistrată – de obicei pe o perioadă de un an – din vânzările de bunuri şi servicii oferite de o societate.

INTRODUCERE

Teoria cozii lungi a fost introdusă în 2004 de Chris Anderson (editor al revistei *Wired*, născut în 1961) şi a rezultat în urma unui eseu scris de Clay Shirky (specialist în noile tehnologii ale informaţiei şi comunicaţiilor, născut în 1964), care afirmă că unele bloguri au un număr semnificativ de linkuri web care indică spre ele, în timp ce majoritatea blogurilor au doar un număr foarte mic de linkuri care indică spre ele.

Chris Anderson se bazează pe această gândire pentru a încerca să explice modelele economice prezente şi viitoare (ca parte a economiei digitale). El descrie modul în care, în opinia sa, toate produsele cu o cerere scăzută pot genera în mod colectiv o cifră de afaceri semnificativă.

Cu toate acestea, apariția și utilizarea din ce în ce mai intensă a tehnologiilor digitale este cea care face posibil modelul economic al cozii lungi: antreprenorii care beneficiază de costuri de stocare foarte scăzute, uneori zero sau "virtuale", atunci când comercializează produse digitale (cărți electronice, filme online, muzică etc.), pot oferi acum un catalog larg online, ceea ce diversifică oferta și îi mulțumește pe cei care preferă activele marginale.

DEFINIREA MODELULUI

Coada lungă este un concept economic și statistic care ilustrează distribuția cifrei de afaceri a unei companii pentru toate produsele sale, inclusiv pentru cele mai populare produse – "bestsellerurile" – precum și pentru produsele mai specifice și marginale. Prin urmare, acesta este un instrument pentru dezvoltarea strategiilor comerciale și de marketing.

Modelul este format din două elemente:

- "capul", caracterizat de un număr limitat de produse populare sau cu cerere mare, fiecare dintre acestea generând o rată de vânzări ridicată;

- "coada", caracterizată de un număr mare de produse de nișă sau cu cerere redusă, fiecare dintre acestea generând o rată de vânzări scăzută.

TEORIE

Teoria cozii lungi a fost popularizată de Chris Anderson în urma analizei mai multor site-uri de comerț electronic, cum ar fi Amazon (în special pentru cărți), Rhapsody (descărcări de muzică online), eBay (produse second-hand) și Netflix (streaming de filme). Acest analist avizat a observat, în cazurile studiate, că vânzările celor mai populare articole nu reprezintă decât o parte din cifra de afaceri totală, ceea ce înseamnă că rentabilitatea vânzărilor nu depinde doar de articolele de top. Pentru a demonstra acest fenomen, el a scris bestsellerul *The Long Tail (Coada lungă)*.

Încă de la început, noul concept a provocat multe strategii de afaceri și modele economice, deoarece autorul susține că uneori este mai profitabil să nu vinzi doar bestselleruri, un argument care este cu siguranță susținut de dovezi.

COMPONENTE

Coada lungă: "capul" și "coada

Atât statistic, cât și strategic, acest concept este adesea reprezentat sub forma unui grafic care prezintă produsele vândute pe axa orizontală (X) și numărul de vânzări pe axa verticală (Y).

Secțiunea albastră – "capul" – arată că doar câteva dintre articole generează un număr record de vânzări, în timp ce secțiunea galbenă – "coada" – arată că majoritatea produselor sunt vândute în cantități foarte mici.

Regula 80-20 și coada lungă

Regula 80-20, cunoscută și sub numele de principiul Pareto, care susține că 80% din cifra de afaceri este generată de vânzările a 20% din produse, este pusă sub semnul întrebării de teoria cozii lungi. De fapt, Chris Anderson demonstrează că regula 80-20 se aplică doar pe piețele de nișă care nu au fost exploatate pe deplin.

Astăzi, datorită NITC (noile tehnologii ale informației și comunicațiilor), putem reduce scara de producție, putem diferenția bunurile și putem folosi noile tehnologii ale informației pentru a profita de costurile de depozitare avantajoase. În plus, datorită motoarelor de căutare, alegerea consumatorului este facilitată, iar gama de produse oferite îi permite consumatorului să găsească ceea ce caută. Toate aceste produse cu cerere redusă pe o piață nedigitală devin, la scara internetului – și, prin urmare, la scară globală – produse cu numeroși clienți. Aceste produse pot fi atunci la fel de benefice pentru cifra de afaceri ca și produsele populare și chiar pot inversa regula 80-20.

Înainte de a infirma radical o teorie precum cea a lui Pareto, trebuie mai întâi să se poată demonstra că toate regulile intrinseci ale teoriei nu se mai aplică atunci când contextul se schimbă. Potrivit lui Anderson, odată ce toate constrângerile legate de cerere și ofertă sunt eliminate și consumatorul are acces la toate produsele, coada lungă este trasată automat.

Cu toate acestea, realitatea pare a fi mult mai complexă: nu este vorba de faptul că piața ignoră atractivitatea cozii lungi, ci mai degrabă de faptul că piața-țintă nu ține cont de beneficiile acesteia. Acesta este cazul produselor pentru care cererea este foarte scăzută și pentru care costurile pot fi cu greu optimizate (costuri de logistică, comunicare etc.). Regula 80-20 nu poate fi negată decât pentru anumite piețe și produse: cele care sunt digitale. În principal, piețele IT sunt cele care beneficiază de această realitate.

Pe scurt

Produsele vizate de teoria cozii lungi sunt, în esență, produsele care pot fi digitalizate, cum ar fi cărțile, muzica, filmele etc. După cum s-a menționat anterior, este dificil pentru unele bunuri – de exemplu, produsele alimentare – să se bucure de avantajele inerente ale produselor digitale.

Prin urmare, se presupune că întreprinderile cu un model de afaceri precum cel al cozii lungi susțin diversificarea și digitalizarea produselor lor.

Costuri de producție, depozitare și distribuție statistică

Fenomenul cozii lungi presupune că articolele digitalizate îmbunătățesc profitabilitatea prin reducerea costurilor. Mai multe costuri cu care se confruntă antreprenorii sunt influenţate de această tendinţă de scădere. Aceste costuri sunt, în principal, cele legate de producţie, depozitare şi distribuţie.

- **Producţie.** Modelul de afaceri al unei întreprinderi digitale se bazează pe utilizarea intensivă a datelor generate de utilizatori. În condiţiile în care utilizatorul este considerat un producător de date, companiile digitale reuşesc să obţină rate de rentabilitate foarte ridicate. Tratarea și utilizarea eficientă a acestor date este cea care se află în centrul viitorului digital. Mulţi experţi au identificat consumatorul ca fiind o parte esenţială a lanţului de producţie digitală. În trecut, companiile puteau produce intern sau extern, externalizând o parte din procesul de producţie. În prezent, apare o nouă alternativă, și anume munca gratuită produsă de utilizator. Această lucrare este realizată de către contribuitori voluntari care creează conţinut. O a treia posibilitate este aceea de a permite utilizatorilor să se ajute reciproc, fără intervenţia angajaţilor, prin punerea la dispoziţie a unei platforme (forum). În acest fel, în afară de prelucrarea datelor, economia digitală are o "coproducţie" sau o "coproducţie" cu utilizatorul care permite o producţie orientată și o rentabilitate potenţial ridicată. În concluzie, economia digitală preia datele utilizatorului, le analizează, le transformă în nevoi concrete şi oferă un serviciu sau un produs care să le răspundă. Reţineţi că datele cu caracter personal ale utilizatorilor şi lipsa unui cadru legislativ pentru aceste date pot duce la abuzuri.

- **Stoc central sau stoc comun.** Stocarea nu este niciodată inexistentă, dar poate fi redusă în mod semnificativ ca parte a economiei digitale. Amazon, de exemplu, a creat un "stoc cibernetic": produsele sunt stocate în magazinele partenere în timp ce sunt oferite și vândute online. Cu această strategie, acest gigant a reușit să își stocheze produsele în milioane de magazine fără niciun cost. Un alt exemplu interesant este stocul digital folosit de iTunes pentru a reduce costurile de depozitare, ambalare, personal, management etc.

- **Distribuție diversificată.** Pentru a profita în mod eficient de teoria cozii lungi, consumatorului trebuie să i se ofere o varietate de canale prin care poate obține un produs; unii preferă să cumpere online, alții preferă să meargă la un magazin. Cu cât canalele de distribuție sunt mai variate, cu atât mai mulți consumatori vor fi mulțumiți și vânzările vor fi mai mari.

Digitalizarea este benefică atât pentru vânzător, cât și pentru consumator:

- Vânzătorii nu mai trebuie să apeleze la intermediari, așa cum se întâmplă adesea în cazul distribuției pe scară largă. Prin urmare, marja lor de profit este mai mare.

- Individul care consumă produse digitale de masă la diferite niveluri (filme, muzică, conținut, software etc.) apreciază pe deplin diferitele canale de distribuție și diversitatea produselor virtuale și/sau particulare;

- Cererea și oferta se întâlnesc într-un context favorabil.

Consecințe culturale și economice

Având în vedere creșterea considerabilă a utilizării internetului, mulți oameni sunt interesați mai ales de impactul asupra diversității culturale și a industriei de divertisment. Astfel, potrivit lui Chris Anderson:

- În cazul în care costul de depozitare, care influențează în parte costul de oportunitate, este foarte ridicat, gama de produse a unei întreprinderi sau, în sens mai larg, a unui sector, este inevitabil limitată și constituie doar o parte din coada lungă, din "cap". Departe de a satisface aspirațiile tuturor consumatorilor, aceste produse emblematice sunt necesare și lasă puțin loc pentru diversitate.

- În schimb, atunci când costurile de depozitare sunt scăzute, "coada" cozii lungi poate fi exploatată de corporații și îi poate satisface atât pe cei care se bucură de produsele populare, cât și pe minorități și pe cei cu gusturi mai puțin populare.

Câteva exemple ne permit să vizualizăm această problemă economică și culturală:

- industria cărții

- programe de televiziune

- industria muzicală

- etc.

Prin urmare, atunci când costul de stocare este relativ scăzut, canalele de televiziune, industria cărților, industria muzicală etc. pot oferi de fapt o gamă mult mai largă de opțiuni consumatorilor și, prin urmare, pot beneficia de o rentabilitate mai mare.

Unii concluzionează că internetul favorizează piața produselor culturale și că epoca "mainstream" (adică "acceptat de cel mai mare număr" sau "lipsit de originalitate") s-a încheiat, deoarece limitările fizice impuse de costurile de stocare tind să dispară datorită digitalizării.

Strategia de referențiere și coada lungă

Teoria cozii lungi ne permite să ilustrăm foarte bine referențierea și optimizarea pentru motoarele de căutare (SEO) și este adesea posibilă prin vânzarea online a unui catalog de produse, grație unor strategii optimizate.

 **CE ESTE REFERENȚIEREA?**

Referențierea înseamnă alegerea termenilor care vor fi asociați cu produsele. Aceasta este discutată în două contexte distincte:

<u>În distribuția pe scară largă.</u> Produsele sunt referențiate pentru o identificare și o gestionare ușoară a inventarului (achiziții, depozitare și ieșiri). Aceste numere de referință pot fi găsite în mod normal în cataloage și pe rafturi pentru a permite întreținerea inventarului, de obicei prin intermediul unui sistem computerizat. În plus, referențierea în distribuția pe scară largă ajută, de asemenea, la furnizarea unui

conținut mai coerent și facilitează conversia la vânză-
rile online, atunci când acest lucru nu este deja cazul.

<u>Pe internet (Search Engine Optimisation).</u> Optimizarea SEO are ca scop îmbunătățirea vizibilității și poziționării unor site-uri pe web. Această activitate, care necesită o atenție constantă, se bazează pe spectrul de cuvinte-cheie pe care utilizatorii le pot introduce potențial într-un motor de căutare (Google, Yahoo etc.) pentru a găsi ceea ce caută.

Atunci când se aplică conceptul de "coadă lungă" la politicile de referențiere web, acest lucru presupune colectarea tuturor cuvintelor-cheie care pot conduce la anumite informații sau teme, în principal termeni evidenți și populari, precum și sinonimele lor mai puțin populare, mai puțin competitive și mai marginale. Individual, aceste cuvinte cheie generează puțin trafic, însă suma lor contribuie mai mult decât termenii cei mai eficienți.

Prin urmare, este important să se țină cont de aceste observații atunci când se elaborează o strategie de optimizare a motoarelor de căutare. În funcție de produsele pe care doriți să le evidențiați și, prin urmare, de cuvintele-cheie pe care trebuie să le asociați acestora, vă veți confrunta cu provocări diferite.

- **Este ușor să vă poziționați corect în căutările mai puțin populare.** Pe de o parte, este în general rapid și ușor să vă poziționați în căutările mai puțin populare, deoarece utilizatorul care caută ceva anume va fi direcționat corect către site-urile care sunt susceptibile să răspundă solicitării sale. Acest lucru alimentează efectiv "coada" cozii tale lungi.

- **Este dificil să te poziționezi corect în căutările competitive. Pe de** altă parte, este dificil, lung și costisitor să te poziționezi corect în căutările concurențiale, deoarece aceste căutări nu sunt direcționate și pot atrage tot felul de vizitatori nesiguri, împiedicându-te să oferi un produs adecvat și să te poziționezi corect (prin servicii personalizate de calitate). Apoi, există mari șanse ca cei care caută ceva anume să părăsească rapid site-ul dumneavoastră, deoarece nu găsesc ceea ce caută. Cu toate acestea, această strategie vă va ajuta să vă poziționați mai bine best-seller-urile, "capul" cozii lungi.

APLICAȚIE PRACTICĂ

SFATURI ȘI SFATURI DE TOP

Regula nr. 1 – Un catalog extins de produse digitale

Pentru a răspunde nevoilor celor mai marginalizate și pentru a ajunge la cât mai mulți consumatori, trebuie să fiți în măsură să oferiți un catalog diversificat de produse digitale.

Regula nr. 2 – Producție, stocare și distribuție digitală

- **Producția în comun** presupune ca o parte din muncă să fie efectuată de către clienți. Utilizarea eficientă a datelor furnizate de utilizatori se află în centrul problemelor legate de economia digitală.

- Produsul digital nu ar trebui să fie fabricat în la fel de multe exemplare ca atunci când este **distribuit** fizic, ceea ce ar trebui să fie considerat un avantaj de către întreprinzător.

- **Stocarea** digitală reduce cea mai mare parte a costurilor cu care se confruntă antreprenorul în situațiile de distribuție fizică.

Regula nr. 3 – Produse vizibile și accesibile

În prezent, utilizarea internetului se generalizează atât în mediul privat, cât și în cel profesional, iar utilizatorii se obișnuiesc din ce în ce mai mult cu utilizarea motoarelor de căutare, ceea ce înseamnă că își selectează metodic cuvintele cheie pentru a găsi informațiile pe care le caută.

- **Importanța cuvintelor-cheie.** Este important să alegeți cuvintele cheie cu atenție și cu grijă: atât cele care vor alimenta "capul" cozii lungi, cât și cuvintele cheie secundare care vor alimenta "coada" acesteia. Procesul este lung, dar eficient și profitabil.

- **Importanța conținutului.** Nu doar numărul de cuvinte-cheie secundare va avea un impact asupra traficului către site-ul dvs. web, ci și, probabil, mai important, conținutul. De fapt, cuvintele-cheie specifice fără informații concrete vor genera doar un trafic limitat către paginile site-ului dvs.

- **Luând în considerare costurile ascunse.** Trebuie să rămâneți prudent, deoarece era digitală are uneori costuri ascunse. Potrivit unui studiu european realizat de Sungard (furnizor global de soluții IT în Franța) pe 150 de profesioniști, costurile de întreținere, licențele, software-ul și costurile neprevăzute ale unei companii se ridică în medie la 597 700 de euro pe an.

Astfel, stabilirea cu atenție a unui spectru de căutări lexicale și prezentarea unui conținut textual de calitate au devenit imperative pentru oricine dorește să atragă clienți.

 # Sfaturi și recomandări

Pentru a dezvolta o strategie profitabilă de tip "long tail", trebuie să vă poziționați cu succes printre un număr mare de căutări mici și specifice. În acest fel, traficul către site-ul dvs. va crește. Țineți cont de următoarele sfaturi:

să se gândească și să adune termeni de căutare concreți pentru a încerca să răspundă la toate cererile viitoare ale utilizatorilor;

odată ce termenii sunt identificați, introduceți-i în conținutul textului viitorului dumneavoastră site;

conținutul textului dvs. trebuie să fie de calitate: nu este bine să adăugați conținut pe site-ul dvs. doar de dragul de a adăuga conținut; trebuie să oferiți informații valoroase utilizatorilor, altfel aceștia vor părăsi imediat pagina sau site-ul dvs;

alegeți un titlu care să atragă atenția cititorului și să îl motiveze să vă viziteze site-ul;

stabiliți o ierarhie pentru titlurile și paragrafele dumneavoastră;

plasați un număr suficient de cuvinte cheie în textul dumneavoastră;

selectați cu atenție legăturile către alte site-uri și privilegiați legăturile de calitate pentru a păstra imaginea site-ului dumneavoastră;

deveniți un "expert" (în funcție de numărul de vizitatori ai site-ului dvs.) în scrierea de conținut cu Google.

Cuvintele-cheie generice (sensuri generale care cuprind o serie de cuvinte mai specifice) sunt competitive şi sunt compuse din aproximativ două cuvinte. De exemplu, o persoană care caută un site pentru sinonime va introduce "sinonim + [cuvântul pe care îl caută]". Această căutare va afişa doar site-urile cele mai utilizate.

În schimb, cuvintele-cheie secundare sunt mai puțin populare, dar mai specifice. Ar putea fi, de exemplu, o expresie (trei până la cinci cuvinte sau mai mult) care reflectă o căutare mai precisă din partea utilizatorului, care caută un conținut specific.

STUDIU DE CAZ – LIBRĂRIE ONLINE

Context

O librărie "Y" decide că, având în vedere concurența de pe piața cărților şi costurile cu care se confruntă în ceea ce privește stocarea și producția, ar fi mai avantajos să creeze un site web care să vândă cărți digitale online. Conştientă de concurența deja prezentă pe web, aceasta va face în aşa fel încât site-ul să fie vizibil prin implementarea unei strategii SEO optime. Aceasta presupune definirea cuvintelor cheie pe care doresc să le asocieze site-ului. Cu alte cuvinte, vor defini cuvintele-cheie pe care utilizatorul este susceptibil să le introducă într-un motor de căutare şi care vor conduce – cât mai direct posibil – la site-ul de cărți al lui Y.

Având o gamă diversificată de produse

Pentru a face față concurenței crescute a vânzării de cărți online (Amazon, Fnac, Numilog etc.), librăria nu are de ales decât să se diversifice sau să se adreseze unui anumit public. Prin urmare, vânzătorul decide să ofere benzi desenate digitale, atât bestselleruri, cât și benzi desenate mai specifice, în magazinul său online.

Minimizarea costurilor fixe

Prin oferirea de benzi desenate online, Y va economisi costurile fixe (depozitare, producție și distribuție – concepte analizate în secțiunea "Teorie"). Cu toate acestea, ar trebui să ia în considerare costurile ascunse implicate de vânzările online:

- costurile de conversie sau de digitalizare a fișierelor

- costuri de stocare digitală

- costuri de securitate a sitului

- cheltuieli juridice legate de adaptarea contractelor de editare.

Alte costuri vor apărea mai târziu, cum ar fi întreținerea site-ului web, actualizările etc.

Vizibilitate

Librarul trebuie să își aleagă cu grijă cuvintele-cheie, ținând cont de faptul că, cu cât acestea sunt mai generale (cum ar fi "cărți" sau "vânzare", sau cuvinte-cheie pe care oamenii doresc să le vadă, cum ar fi "bestseller"), cu atât este mai probabil ca acestea să se piardă în fluxul de informații. Aceste cuvinte-cheie generice reprezintă doar aproximativ 20% din traficul total generat de motoarele de căutare. Cu toate acestea, dacă sunt selectate într-un mod ceva mai concentrat (în funcție de activitatea vânzătorului), ele vor reprezenta direct mai mult de 20%. Pentru a distinge librăria de marile companii care vând cărți online, va trebui să selecteze cuvinte-cheie specifice conținutului site-ului și să se pună în poziția utilizatorilor de internet care caută informații specifice.

Pe lângă alegerea cuvintelor cheie, librăria va trebui să optimizeze și conținutul textului site-ului pentru a-l face atractiv, interesant, relevant și detaliat. Procedând astfel, ea va alimenta "coada" cozii lungi (a sectorului). De exemplu, va alege o pagină de pornire care să aibă un conținut de text specific pentru a se potrivi cu anumiți utilizatori ai motoarelor de căutare. Rețineți că unele părți ale acestui conținut nu vor fi luate în considerare inițial de către persoanele care utilizează cuvintele-cheie și că acest lucru va genera doar un trafic "steril". Pe de altă parte, există o șansă bună ca unele cuvinte care nu au fost gândite ca fiind cuvinte-cheie de către librar să apară.

Librarul va trebui să parcurgă mai multe etape înainte de a oferi un produs digital.

1. Structurarea informațiilor într-un mod vizibil și coerent pentru a atrage atenția vizitatorului.

2. Selectați cuvintele-cheie în jurul cărora să se poziționeze (sinonime, expresii etc.). Ei pot alege chiar să

efectueze un studiu prospectiv, urmând un curs de formare în motoarele de căutare pentru a găsi concurența pe piața de benzi desenate.

3. Creați un conținut text de calitate în care vor apărea cuvintele și expresiile cheie selectate.

În același timp, produsul oferit vizitatorilor trebuie să fie suficient de diversificat pentru a putea ajunge la un public divers.

IMPACT

LIMITĂRI ȘI CRITICI

În timp ce analiza lui Chris Anderson asupra sectorului cultural a fost salutată și promovată de cei care, ca și el, au intuit un rezultat avantajos și atractiv pentru acest sector, adevărul faptelor și diferitele analize ar contrazice sau cel puțin ar contextualiza validitatea și consecințele sale asupra structurii pieței.

Chiar și cu internetul, coada lungă nu generează mai multe vânzări decât înainte

Will Page, directorul Spotify, a analizat vânzările de muzică online. El a observat că, din cele 13 milioane de titluri disponibile, 10 milioane nu generează nicio vânzare; 8% din vânzări provin din 40 de titluri, iar 3% din totalul titlurilor vândute au generat 80% din cifra de afaceri. Potrivit acestuia și în lumina analizei sale, economia bestsellerurilor nu s-a încheiat încă.

Veniturile din bestseller-uri rămân mult peste cele din "coada" cozii lungi

Pierre-Jean Benghozi și Françoise Benhamou, economiști francezi, au abordat, de asemenea, această problemă. Aceștia au analizat vânzările de CD-uri și DVD-uri online. Din acest studiu reiese că apare un efect de coadă lungă, dar acesta este atât de lent încât nu pare să fie capabil să zdruncine structura pieței cunoscută de toți. De fapt, mai puțin de 10% din produsele muzicale reprezintă peste 90% din vânzări, iar cele zece titluri cele mai comercializate sunt capabile să își mărească ponderea în veniturile totale.

Totuși, principala critică vine din partea Anitei Elberse (profesor de economie la Harvard, născută în 1973) care, după zece ani de cercetare și analiză a piețelor culturale și de divertisment, a reușit să demonstreze contrariul. Potrivit acesteia, internetul nu a revoluționat relația dintre indivizi și diversitatea culturală; dimpotrivă, ea afirmă că bestsellerurile dictează piața mai mult ca niciodată. Prin urmare, "capul", și nu "coada", este cel mai puternic în era internetului. În cartea sa *Blockbuster* (2013), Dr. Elberse își ilustrează afirmațiile cu ajutorul industriei cinematografice, explicând în continuare că, dacă investițiile financiare în bestselleruri sunt atât de mari (și, prin urmare, riscante), este doar pentru a se proteja de riscurile inerente unei piețe atât de incerte. Acest lucru pare oarecum greu de crezut.

 ## INDUSTRIA CINEMATOGRAFICĂ

Producția unui film costă 10 milioane de dolari, în timp ce un altul costă 100 de milioane de dolari. Prețul pe care îl va plăti consumatorul va fi exact același, indiferent de costurile de producție ale lungmetrajului: nu va fi nici mai mult, nici mai puțin scump să vadă filmul la cinema decât să cumpere DVD-ul. Astfel, în mod logic, filmul cu cele mai ieftine costuri de producție (10 milioane de dolari) ar trebui să obțină cel mai mare profit: în plus, studioul de producție își poate permite să producă 10 filme în loc de unul singur cu un buget de 100 de milioane de dolari. Cum este imaginabil ca această situație să se întoarcă în favoarea blockbusterelor?

Anita Elberse întărește această idee dezvoltând cazul Warner Bros. care, practic, produce numai blockbustere (*Harry Potter*, *Sherlock Holmes* etc.) și pentru care "a nu-și asuma riscuri" este un risc. Bazându-și strategia pe marile producții, acesta a devenit primul studio de film care a depășit un miliard de dolari americani în box office-ul american timp de 11 ani la rând.

Pentru a prezenta strategia opusă, expertul se concentrează pe cazul rețelei NBC Universal, condusă la acea vreme de Jeff Zucker (născut în 1965) și Ben Silverman (născut în 1970). Dorind să maximizeze profiturile prin intermediul unei strategii de reducere a costurilor și riscurilor, eșecul companiei lor a fost rapid experimentat. Îndepărtându-se de marile producții cu actori sau producători din cinematografia mondială la prețuri colosale, încercând în același timp să asigure lanțul de venituri, NBC a început să cadă în dizgrație. Această lipsă de ambiție și de finanțare, precum și lipsa lor de asumare a riscurilor, a dus la dezinteresul profesioniștilor din industrie și la scăderea clasamentului lor, de pe prima poziție pe locul patru.

Autoarea își extinde apoi gândirea la alte domenii și încearcă să demonstreze că fenomenul se repetă.

Potrivit acesteia, nu există niciun dubiu: bestsellerurile sunt cele care generează profit şi asigură cea mai mare parte a rentabilităţii financiare a vânzărilor. În prezent, chiar şi companiile care urmează teoria long tail încep să se predea logicii incomparabile a blockbusterelor; este cazul lui Netflix sau Amazon. Având în vedere cifrele impresionante de vânzări ale concurenţilor lor care au adoptat această strategie, mulţi îşi reorientează analiza.

MODELE ŞI EXTENSII CONEXE

Această secţiune conţine trei modele legate de teoria cozii lungi. După ce le menţionăm de mai multe ori cu referire la teoria cozii lungi, principiul Pareto este dezvoltat în continuare, precum şi modelul ABC, care este un posibil răspuns la acesta.

Este de la sine înţeles că toate modelele de distribuţie nu pot fi reduse la aceste trei modele şi că există şi alte modele.

Principiul Pareto

Cel mai cunoscut model asociat este principiul Pareto, numit şi regula 80-20. La fel ca şi teoria cozii lungi, principiul Pareto este utilizat ca instrument de dezvoltare a strategiilor de vânzări şi marketing, dar şi ca instrument statistic. În acest context, ne vom concentra asupra primei utilizări.

Astfel, conform principiului Pareto, "80% din efecte sunt produsul a 20% din cauze", ceea ce poate fi tradus în limbaj de afaceri prin "20% din produse generează 80% din vânzări" sau "20% din clienți generează 80% din vânzări". În ciuda caracterului său universal, acest principiu nu a fost dovedit științific în toate domeniile. Unii consideră, de exemplu, că doar 20% din clienți generează 80% din cifra de afaceri. Pe lângă această preocupare legată de acuratețe, regula 80-20 trebuie să fie adaptată la sectorul și la departamentul companiei în care este aplicată.

În plus, acest principiu ridică probleme de eficiență. Dacă 80% din produse – cele mai puțin vândute – generează unele venituri, probabil 20%, acestea ar putea crește dacă costul de oportunitate este redus considerabil. Este ceea ce Chris Anderson expune în teoria cozii lungi.

Modelul ABC

Modelul ABC oferă o perspectivă suplimentară. Acesta presupune că principiul Pareto ignoră straturile intermediare și, prin urmare, este dificil de evaluat importanța acestora.

Modelul ABC clasifică efectele în trei categorii. În acest fel, sunt luate în considerare chiar și straturile mai puțin profitabile.

- Categoria A: 20% dintre clienți generează 80% din vânzări.

- Categoria B: 30% dintre clienți generează 15% din vânzări.

- Categoria C: 50% dintre clienți generează 5% din vânzări.

Strategia Blockbuster

Acesta este cazul prezentat de Anita Elberse, potrivit căreia blockbusterele sunt cauza majorității cifrei de afaceri de pe piața culturală și de divertisment.

CONCLUZIE

Modelul lui Chris Anderson este prezentat ca o completare a principiului Pareto și a modelului ABC. Atunci când este aplicat la o piață specifică, coada lungă dezvoltă de fapt o teorie paralelă cu aceste două modele, fără a le discredita.

În schimb, teoria Anitei Elberse critică teoria cozii lungi și pune la îndoială relevanța acesteia.

REZUMAT

- Teoria cozii lungi este un model statistic şi economic creat şi introdus în 2004 de Chris Anderson în contextul sectorului digital.

- Acest model este posibil datorită evoluțiilor tehnologice şi este fezabil în contextul vânzărilor de bunuri sau servicii digitale, deoarece costurile de producţie, stocare şi distribuţie sunt scăzute sau inexistente.

- Complementară principiului Pareto, teoria cozii lungi presupune că, în acest sector, cele mai populare produse nu sunt neapărat cele care generează cea mai mare cifră de afaceri.

- Potrivit lui Chris Anderson, exploatarea "cozii" cozii lungi oferă posibilitatea de a obţine profitabilitate pe termen lung.

- Dr. Anita Elberse denunţă modelul lui Chris Anderson. După 10 ani de cercetări, ea susţine că, chiar şi în era internetului, blockbusterele dictează piața culturală şi de divertisment.

- În afară de teoria cozii lungi, există şi alte modele care reprezintă alte sisteme de distribuţie: în special principiul Pareto şi modelul ABC.

- Modelul long tail poate fi aplicat ca parte a unei strategii SEO pe internet. Sfat: poziţionarea pe piețe mai puţin competitive şi mai specifice vă permite să beneficiaţi de efectele pozitive ale long tail SEO.

LECTURI SUPLIMENTARE

BIBLIOGRAFIE

Anderson, C. (2012) *The Long Tail: Why the Future of Business Is Selling Less of More*. Paris: Flammarion.

Andrieu, O. (2008) Pourquoi la notion de " Longue Traîne " est-elle nécessaire dans une stratégie de référencement? *Abondance*. [Online]. [Accesat la 21 aprilie 2015]. Disponibil la: < http://docs.abondance.com/question123.html>

Avenier, M. (2014) La longue traîne une stratégie de référencement. *Le guide*. [Online]. [Accesat la 21 aprilie 2015]. Disponibil la: < http://www.abime-concept.com/blog/2014/03/27/la-longue-traine-une-strategie-du-referencement/>.

Benghozi, J-P. și Benhamou, F. (2008) Longue traîne : levier numérique de la diversité culturelle. *Culture prospective*. [Online]. [Accesat la 21 aprilie 2015]. Disponibil la: < http://www2.culture.gouv.fr/deps/fr/traine.pdf>.

Bloquet-Prevost, C. și Manneval, M. (2014) Exploitation des données fournies par les utilisateurs : l'enjeu de l'économie numérique. *Revue Sorbonne*. [Online]. [Accesat la 21 aprilie 2015]. Disponibil la: < http://www.univ-paris1.fr/fileadmin/diplome_M2OFIS/OFIS_2013-2014/Articles/article_Revue_OFIS_mars_2014_Bloquet-Prevost_Manneval.pdf>.

Cassini, S. (2015) Les coûts cachés du cloud. *Les Échos*. [Online]. [Accesat la 21 aprilie 2015]. Available from:

< http://www.lesechos.fr/journal20150331/lec2_high_
tech_et_medias/0204266382278-les-couts-caches-
du-cloud-1106920.ph>

Delers, A. (2014) *Principiul lui Pareto*. Bruxelles: Editura
Lemaitre.

InfoWebMasterRéférencement. (2008) *Longue traîne.*
[Online]. [Accesat la 21 aprilie 2015]. Disponibil la: < http://
www.infowebmaster.fr/40,news-referencement-longue-
traine.html>.

Jimdo. (2013) *5 conseils pour rédiger des textes optimisés pour
Google.* [Online]. [Accesat la 21 aprilie 2015]. Disponibil la:
< http://fr.jimdo.com/2013/12/27/5-conseils-pour-
r%C3%A9diger-des-textes-optimis%C3%A9s-pour-
google/>

Lacomblet, D. (2014) Internet. La longue traîne n'a-t-elle pas
toujours été qu'une utopie ? *Slate Reader.* [Online].
[Accesat la 21 aprilie 2015]. Disponibil la: < http://www.
slate.fr/tribune/84585/longue-traine-blockbusters>.

Le Cam, N. (2013) La longue traîne, l'atout de votre SEO.
LunaWeb. [Online]. [Accesat la 21 aprilie 2015]. Disponibil
la: < http://blog.lunaweb.fr/seo-longue-traine/>.

Mataf.net. (Fără dată) *Définition coût d'opportunité.* [Online].
[Accesat la 21 aprilie 2015]. Disponibil la: < https://www.
mataf.net/fr/edu/glossaire/cout-d-opportunite>.

Soția mea. (Fără dată) *Qu'est-ce que la longue traîne (sau long
tail).* [Online]. [Accesat la 21 aprilie 2015]. Disponibil la:
< http://www.wifeo.com/documentation-77.html>.

SURSE SUPLIMENTARE

Afuah, A. (2014) *Inovarea modelelor de afaceri: Concept, analiză și cazuri.* New York: Routledge.

Elberse, A. (2013) *Blockbusters.* New York: Henry Holt books.

Blogul lui Chris Andersen. http://www.longtail.com/

IMPROVE YOUR GENERAL KNOWLEDGE
IN THE BLINK OF AN EYE!

www.50minutes.com

Editorul asigură fiabilitatea informațiilor publicate,
care nu ar putea însă angaja răspunderea sa.

Master ISBN: 9782808601016
Hârtie ISBN: 9782808602464
Depozit legal: D/2022/12603/247

Design digital: Primento,
partenerul digital al editurilor.